DIBUJAR

ESPACIOS

Lucía Cruz Da-Cunha

CATARSIS

europa
ediciones

© 2025 **Europa Ediciones** | Madrid

www.grupoeditorialeuropa.es

ISBN 9791256960446

I edición: febrero del 2025

Distribuidor para las librerías: **CAL Málaga S.L.**

Impreso para Italia por Rotomail Italia S.p.A. - Vignate (MI)

Stampato in Italia presso Rotomail Italia S.p.A. - Vignate (MI)

Catarsis

A Ainhoa,
porque en este mar de dudas
siempre es la isla firme a la que puedo volver.

Las grandes historias están hechas a base de pequeños trazos.

PREFACIO

"Si tuviera que hablar sobre el amor…": empieza con esta línea la primera poesía de la obra de Lucía Cruz Da-Cunha, adelantando la temática de todo el libro. Sin embargo, la protagonista le tiene miedo a este sentimiento por todo lo que la palabra misma implica, aun viviéndolo de una forma muy intensa. Aunque no le ha dado tiempo ni siquiera a saber cómo se veía la letra de la persona amada escrita en una nota cualquiera, ella decide dedicar esta carta a todas esas canciones que no bailaron, palabras que no se dedicaron y veces que no fueron.

El libro empieza introduciendo una historia de amor como una especie de viaje de ilusión, en una progresión ascendente en poesías como Eclipse o Los besos, pero este viaje no llega a ninguna parte, al enterarse la protagonista de que "ha de haber dos mitades para que haya un motivo". Justo en ese punto empieza el "aterrizaje" y, con él, un largo recorrido para procesar todas las emociones vividas, tanto positivas como negativas y todo lo que este sentimiento conlleva.

Y qué triste.
Y qué frío,
que compartirnos haya pasado a ser parte del olvido.
(Invierno del '23)

Lo cierto es que, a pesar de tener la certeza de haber terminado con todo el sentimiento, la protagonista siempre está sentada esperando, junto a "esa barca que a veces parece tener remos". Porque ya no existen solo miradas fugaces, sino también contacto, pulso acelerado, respiración agitada y sensación atractiva hacia lo prohibido, a pesar de que el tiempo, en lugar de ofrecer soluciones, solo haga que todo "se llenara de imperecederos, de ansia, hambre y deseo". Sin embargo, si al principio se da una versión positiva de la historia, con el paso del tiempo empiezan a delinearse unos sentimientos que nacen porque la protagonista se siente como si estuviera atrapada en un atasco, ya que no se ve capaz de poder tener a la persona amada aun queriéndolo.

"Un quiero y no puedo, después de todo"
(Quiero y *te*)

HIJA DE LA INTENSIDAD

Si tuviera que hablar sobre el amor,
probablemente hablaría de lo que me gustan las miradas
cómodas y ruidosas.
De lo guapo que está cuando se ríe.
De lo bien que huele y lo mucho que duele no poder
meter la nariz entre el hueco que crean sus huesos en el
cuello.

De cómo me acaricia las manos,
de cómo me gusta que le guste.

De cómo se mueve su cuerpo al respirar fuerte en los si-
lencios de las pelis.
De sus manos en mi cuello, jugando a encontrar.
De sus manos en mi pelo, intentando relajar.

De la doble dirección de sus palabras, gestos o miradas.

TRAZO N.1

Ambos bailaban aquella canción que parecía que llevaba trazas de su historia. Juntaron las cabezas; sus frentes, conectadas, se decían más que las propias palabras, sus ojos, tímidos, se cerraban por miedo a ver quienes les miraban, sus labios, abiertos, vocalizaban cada frase y ritmo, pero queriendo que la nota final acabara en un solo lugar. Sus brazos, extendidos, sujetaban las copas ya vacías, y el hielo sonaba hueco dentro de ellas. Y una de las manos se acercó tímida a su cuerpo, pero se alejó, no queriendo estropear el momento. Advertidos llevaban ya mucho tiempo, pero esa canción fue solo el comienzo.

ECLIPSE

Y le veo;

con el jersey colgando de su cuerpo,

asomando ese cuello que salpica con sus huesos,

paralelos y perfectamente alineados.

Ese pelo,

que cuenta que caigo en el fuego por pura culpa suya.

Y no tengo refugio ni excusa,

su luz me desvela y me ciega,

me acerca y me abruma,

y ya no hay vuelta atrás.

Cada paso una estampida.

Y me arrimo.

Y le miro.

Y le oigo,

pero por dentro.

Y le rozo.

Cien chispas. Mil llamas.

Y me habla,

con los ojos.

Y me incita,

con la boca.

Y me reta,

con la lengua.

Y le miro.

Luz verde.

LOS BESOS

Las palabras tostándose en el horno de tu boca.
Los latidos haciendo carreras, el pulso acelerado, la sangre viajando a años luz, la mente corriendo por si se le escapa algún detalle.
Y nosotros, deseando llegar a la meta.
Tu manera de pestañear, que es sumamente delicada que, si te descuidas, mueve montañas.
Esa reciprocidad tan aprovechable y tan poco explotada por nuestra parte, es un trocito de su esencia.
Esta es la sensación que acostumbramos a describir con unas mariposas que vuelan nerviosas en nuestro interior, pero más bien creo que son ganas, un impulso, un quiero, un vamos, un conjunto que cuando ocurre hace que descansen sus alas.

LOS VOTOS

Tú y yo, siendo un mismo sentimiento, un mismo camino y, sobre todo, el mejor equipo.

Nosotros, que siempre nos encontraremos en canciones, en palabras, en gestos y miradas, en caricias y corazonadas. Donde no compitamos por ver quién quiere más, donde seamos una sintonía, un ritmo al compás. Una misma alma que crece, que se hace más fuerte con el tiempo. Esa que sabe escuchar, entender y ayudar. Empatiza, lucha y mira por su otra mitad. Y como el humo, hacia arriba por la cuesta con cariño, viendo las rocas con las que de vez en cuando tropezaremos, haciéndonos fuertes para esquivar las siguientes, pero cruzando los árboles cuyas hojas se mueven con el viento, que agradecemos porque nos guían de nuevo. Las paradas en los hostales, que no tienen trasfondo del que hablar porque siempre es evidente.

Futuro, cercano más que lejano, porque es así de rápido cómo se siente la paz contigo, el amor, la admiración, la devoción y la calma. Siempre que eres.

Me da paz poder ser yo contigo, me da paz que seas tú conmigo, pero el premio se lo lleva ese somos que hemos construido.

UN SIMPLE MAL DISEÑO

Entre tú y yo, todo es tal y como lo explica Descartes; el cuerpo sólo puede explicarse con teorías mecánicas, ya que lo único que ocurre en él es calor y movimiento. No sé si tendrá razón, porque opino que somos más, que no somos únicamente materia que huye, se mantiene o se acerca al calor. Pero con nosotros es diferente, ya que se asemeja bastante a ello. Si estamos lejos, buscamos palabras que nos hagan sentir algo parecido, como si pareciera un juego, porque simplemente es más divertido. Aunque no sé si lo divertido, lo intrigante o más bien, lo adictivo, no son las metáforas que ocultan la llama, sino todo lo que nos impide apagarla. Estamos prohibidos, como si el destino nos tuviera miedo. Pero no nos rendimos. Tus miradas hablan por sí solas, pero son las palabras las que salen cuando nadie ve, cuando nadie está. Sin determinar tiempo ni espacio, hablamos de un posible trato. Damos cada día una respuesta al viento como si fuera a escucharnos y hacer que pasase algo. Pero tú y yo sabemos que por muy distinto que sea y por muchas veces que lo prometamos, el fin siempre será el mismo. Sabemos que todo lo que se salga de las palabras, está mal. Pero que lo esté, también nos gusta, porque lo prohibido llama más, porque basta que no puedas hacer algo para que quieras.

Y aquí me entra el miedo porque, cuando llegue, ¿se apagará?, ¿se acabará?

No sé si estancarme en las promesas o tirar ya el cubo de agua y que el olor a ceniza comience. Puede que sólo así tengamos un final.

Que mal diseñados estamos. Pero es divertida esa realidad.

TRAZO N.3

Estábamos tranquilos. Yo escuchaba su respiración y mi cabeza se movía con el sube y baja de su pecho. De forma tímida y pequeña, comenzó a mover la mano derecha cerca de mí, pero al hacerlo tan sutilmente, no me permití abrir los ojos pensando que se trataba de algo trivial. Hasta que noté el calor que desprendía de ella cada vez más cerca. Este fue el que me hizo abrir los ojos y ver como, una de las pocas veces, era él quien primero tiraba la piedra.

Cambié de posición para facilitarnos el tacto, yo también quería sentirle. Pero lo hice en su idioma, calmado y suave, temiendo no entendernos. De repente, todos sus dedos tocaron tan solo uno de los míos, y lo envolvieron en la mano como si me fuera a ir, dejándome a mí con un cosquilleo ascendente en todo el cuerpo. No quería que ninguno se sintiera mal, así que fue acariciando uno a uno. Ni los mejores masajistas llegarían a tal estado de calma. Aunque, paradójicamente, mi respiración cada vez se encontraba más agitada. En cambio, la suya permanecía igual, como si nada estuviera pasando.

Sé que estaba nervioso. Sé que le estaba costando. Sé que no sabía cómo seguir, qué hacer ni qué decir. Pero nos hablábamos así, a través de las caricias, más o menos intensas, pero todas sinceras.

De la mano pasó a la cara, dibujando mi nariz, mis cejas y el contorno de mis labios. Debe ser que este último le gustó, porque quiso quedarse allí más rato. Sus dedos cada vez presionaban más mi boca y yo, intentando contestar, la abrí insegura como cuando abres una puerta sin saber quién llama. Pero parecía que ya se conocían, y uno de los más impacientes entró de pleno, tocando mi lengua, mi paladar, mis dientes, y mi lengua de nuevo.

Como dos niños, como un chupa chups. Divertido y sensual.

Una vez salió, no pude esperar más. Sabía que estaba rompiendo el código manso, pero las ganas me podían. Me levanté con brusquedad y él ni se inmutó, no abrió los ojos en ningún momento. Me quedé unos segundos frente a él, mirándolo y pensando si hacerlo o no. Pero mis ojos fueron directos a su boca, y la respuesta la tuve más que clara. Coloqué ambas manos en su cabeza, atrayéndolo un poco hacia mí y, una vez nuestros labios se tocaron, reaccionó.

Con las mismas ganas que yo. Con el sí más claro que el no.
Y aunque siempre me dejara sin palabras, seguía teniendo muchas preguntas.
Después no se separó. Los dos permanecimos con los ojos cerrados y el lateral derecho de su nariz descansaba sobre el izquierdo de la mía. A su vez, nuestros labios se mantenían a escasos centímetros y se calentaban al compás de nuestras respiraciones, algo nerviosas y agitadas. Abrimos los ojos al mismo tiempo, comunicándonos con nuestro idioma, sin palabras, gestos ni contacto, simplemente mirándonos. Y ahí estaba, ahí iba. No fue un beso, no fue una despedida, tampoco fue un cualquiera, fue una mezcla entre ganas, hogar y afecto, mucho afecto. Fue acelerado, mi lengua intercalaba los movimientos con la suya y nuestras respiraciones hablaban confiadas. No sabía de donde cogerme, quería todo a la

vez. No le culpo, me sentía igual. Fue mucho tiempo sin tenernos, sin sentirnos tan cerca como aquel día. Estábamos ansiosos e impacientes, como si tuviéramos un cronómetro que nos controlara el tiempo.

CONDICIONES Y CONDENAS

Estás,
en mi cabeza,
en mis canciones,
en mi forma de recogerme el pelo,
en las esquinas de las fotos,
lejos de aquello a lo que pretendía prestar atención.
La cámara pendiente de otras
y mis pupilas,
siempre clavadas en ti,
mi objetivo.

Estás,
en la ropa que elijo,
en las palabras que digo,
y en las tantas que escribo.
En la copa de más que pido.
En la gota que dejo
y que cae,
lenta por mi pecho.

Estás,
cuando se me eriza la piel,
cuando noto la nuca fría,
y el corazón caliente.
Siempre condicionante.
Siempre condicionada.

DEJO LAS VENTANAS SIN CERRAR

Realmente no iba a escribir nada,
porque me da rabia que sepas todo lo que tengo dentro.
Me da rabia no poder decírtelo todo, porque sé que no
servirá de nada.
Será como gritar en una habitación insonorizada,
donde tú estás fuera
y nunca llegarías a escuchar nada.
Pero solo quería decirte, antes de entrar ahí,
que mis puertas están abiertas,
que si tu universo se cae,
si tu sol se va y tienes frío,
puedes venir al mío,
a mi agujero negro,
donde parece que el tiempo no pasa
porque los pensamientos no se van.
Pero por lo menos tengo abrigos,
cafés
y abrazos,
con los que pasar los ratos.
Lo que no quiero es que haya más postales que enviarte,
quiero que vengas y lo veas tú mismo,
conmigo.

QUIERO

Quiero alguien a quien abrazar por las noches, por las mañanas y por las tardes, después de comer.
Quiero a alguien que me mire de tal manera que sea imposible despegarme de esos ojos, que sea imposible ver esa mirada en alguien cualquiera.
Quiero a alguien que me ame sin palabras, que provoque sin tocar y que me hable sin colores negros. Que me escriba sentimientos y me sienta siempre cerca.
Quiero a alguien que palpe mi piel tan sutilmente que hacerlo con más ganas me parezca algo inútil.
Quiero a alguien con quien releer el pasado, vivir el presente y pensar en el futuro.
Quiero a alguien en quien pensar cuando las letras de las canciones suenen alto. Quiero a alguien con quien gritarlas.
Quiero a alguien con quien no volver a la realidad, con quien todo desaparezca, con quien todo se pare, se quede en pausa.
Quiero a alguien con quien celebrar los pequeños logros, los grandes momentos y los instantes fugaces. Los caminos rápidos, los laberintos y los atajos.
Quiero a alguien con quien se me vaya la inspiración, con quien ya no tenga ganas de escribir sobre besos, abrazos u otras cosas de ficción.
Quiero a alguien que se quede, por lo que soy todos los días.
Quiero a alguien que no me haga querer a nadie más.

UNA DE MUCHAS

Por ser ese rincón lejos de lo oscuro.
Por estar, pero nunca conmigo.
Por ser, siempre tan tuyo.
Por nunca irte.
Por colarte en mis días,
horas,
minutos,
canciones,
vida.
Por ser parte de ella.
Por recordarlo.
Por planearlo.
Por pasarme los pulgares bajo los ojos.
Por mucho que quiera nunca cansarme de ti.

NOSTALGIA

Una sonrisa por cada vez que alguien nombra el color
de tus ojos.
Otra, por las veces que alguien menciona la forma de tu
pelo,
y lo bien que te queda.
Otra, por las veces que te vas cuando no hay nadie más,
pero otra por cuando estás con nosotros.
Otra, por las canciones que no bailamos,
por las palabras que no nos dedicamos.
Por las veces que no fuimos.
Y entre una y otra,
te espero sentada,
pero ya me duelen las mejillas,
las rodillas,
y lo que late dentro de mis costillas.

TE GUSTARÍA

Sigue mirándome con tus ojos castaños,
quiero que no paren el bucle de deseo,
que me hipnoticen hasta tal punto,
que los quiera incluso cuando no pase el tiempo.

Te escribo canciones porque en muchas te recuerdo.
Te dibujo porque aquí no te encuentro.

Laberinto confuso de esquinas satisfactorias,
roces y afecto que me inundan en sus lagos.
Nos separamos para no volver a encontrarnos,
pero yo calmada,
por el sonar de tus historias.

Esto no tiene ni sentido ni rima,
pero no se puede pedir más,
maldito no básico,
tremendo clima.

Prometo no escribirte más,
porque vas a acabar conmigo.
Tan iguales para todo,
pero del amor no seremos testigos.

MIRAR Y VER

A trazos me enfado.
A palabras me enciendo
y aunque tenga ojos,
me pierdo.
Más en tu mirada que en la de cualquiera,
porque esconde más que una cara buena
y cuenta más de lo que lo haría una copa vacía
un día entre semana
de invierno y lluvia
en una terraza fría.

LA ESPINITA

Todos hablan de ventanas,
de clavos,
de puertas.
Pero nadie se fija en los corazones,
que débiles, con máquinas funcionan,
que en déficit, con bebidas se estimulan,
que fríos, con palabras se calientan.
Y solo sin ti se rompen.
Y solo contigo se parten.
Así que ningún clavo sacará a otro,
ni las puertas cerradas abrirán otras.
Pero la ventana sigue rota,
y no se cierra.
Víctima de los ojalás,
víctima de los verdes.
La ventana sigue rota y no soy capaz,
de arreglarla,
de cerrarla.

QUIERO Y *TE*

Los *te* insuficientes que se quedan entre la comisura de los labios. Que se quedan entre las orejas, en eso que no para de dar vueltas.
Los *te* que no llegan a quiero,
o quiero impacientes y avariciosos que no entienden de *te*.
Te sin quiero que no son más que ganas que se quedan estancadas en el medio.
Te donde regalo los oídos,
te donde bailo el agua.
Y el quiero en orejas taponadas en la ducha.
Los *te* que nunca son quiero porque se quedan en las páginas de un libro, en la tinta de un boli,
o en las notas del móvil.
Dos palabras tan lejanas como ambos somos,
y cosa propia del ser ambos.
Un quiero y no puedo, después de todo.
Porque el poder juega a hurtadillas entre ellos,
ya que no pega con el *te*,
y menos con el quiero.
Te, pero no tengo
Te, pero nunca pido
Te, pero no cuido
Tú, pero no conmigo
Dar, pero nunca besos
Te, y sí pienso
Te, y sí quiero.

¿Sabes cuál es la peor droga de este mundo?
- El conformismo.

CONTRARRELOJ

No dio tiempo a saber.
No dio tiempo a sentirnos.

No dio tiempo a saber cómo se ve tu letra escribiéndome una nota cualquiera,
esas en las que hay suspiros de romanticismo y olor a ti.

No dio tiempo a saber cómo envuelves los regalos,
ni a verte concentrado.

No dio tiempo a ver qué es lo primero que haces al despertar.
Tampoco a mirar a esa cara llena de sueños interrumpidos, en todos los sentidos.
Ni de verla dormida, aun viajando.

No te dio tiempo a ver qué frases marco en mis libros.
No dio tiempo a verte bailar mientras limpias.
No dio tiempo a ver cómo tus pies salen de la ducha, ni tampoco a saber cómo te colocas la toalla en la cadera, o en el hombro, o…
No dio tiempo a ver cómo se tuestan tus pestañas al sol, ni de cómo preparas tus cosas para ir a la playa, ni de cómo haces la maleta.
No dio tiempo a bailar contigo en el salón,
mientras suena la que sigue siendo nuestra canción.
No dio tiempo a sentirte en ningún aniversario.

Pero sí me dio tiempo a echarte de menos,
a escribirte,
a llorarte,
a pensarte,

a posibilitarte de todas las formas y maneras existentes.
Olvidándome de que si no estás tú,
lo posible se desvanece y,
solo entonces,
es cuando no da tiempo a nada.

VODKA CON LIMÓN

Cada vez se rompe un poco más,
el recuerdo de tus labios,
de tu voz,
de tu risa,
hablando de mis cosas más íntimas.
El recuerdo de tu mano
pasando por mi cara,
para que no llorara.
El recuerdo de tus brazos,
bailando al compás,
para que esa cena saliera tal y como querías.
El recuerdo de tu pelo,
que jugaba con mi dedo,
sin saber distinguir
tus rizos de los míos,
tu rubio del mío,
que siempre fue más puro,
y más fácil de querer que el propio.
Y es que al final me doy cuenta de que lo único que se
rompe soy yo,
porque tú no te acuerdas de mis brazos haciéndote la
cena,
ni de mi risa,
ni de mi voz,
ni de mi pelo,
ni de mis labios.
Ni de mí.

SIN MUSA

Tú, tus pasos, tu presencia, son mis carencias. Y es raro darse cuenta, porque allí tú sí quieres, allí tú vienes y te quedas. Allí. Esa es mi condena.
Sólo si existiera.
Miro un lienzo en blanco. Tú no ves nada. Yo lo veo todo; un comienzo, un quiero, un vamos. Aniversarios y regalos. Un jardín de rosas. Una pelea, un abrazo. Un desliz, palabras.
Y por muy bien que se me dé pintar, por muy bien que sepa trazar las líneas y elegir los colores, tú siempre lo verás vacío.
Entonces sentí que la única forma era aquella, sentí que si te pintaba de negro, de forma brusca y mala, sería más fácil olvidarte. Aunque sepa que no lo eres.
Te guardo un poquito de rencor por no venir, por no quedarte, por no elegirme, por dejar que te sintiera en vano.
Por no poder dejar de hacerlo.

JUNIO

Pero vuelve a llegar junio, y todo parece diferente. Tu voz ya no destaca entre la multitud, y si lo hace, no es porque hables conmigo. La burla se nota en nuestro ambiente, ese en el que antes había tensión y buenas intenciones. Tus ojos ya no me miran tímidos y nerviosos, ni los míos te contestan de la misma forma. Ni te confiesan cosas.

Creo que hace más calor, pero no del que me gustaría. Ojalá, ojalá tener aquel que tenía cuando bailaba, sabiendo que estabas a centímetros sonriendo. Y ojalá lo siguieras haciendo, me encantaba jugar contigo a eso. No sé si has cambiado, pero me muero por ser parte de ello. Soñé con eso, contigo, con tu voz, con tus caricias y tus bromas, pero alucinaba con que fueran de verdad. Soñaba despierta.

Pero este junio ya nada es igual, porque ahora sí despierto de golpe y cada día se me olvida un poco más cómo fue el anterior.

Los cambios del otoño lo revolucionaron todo, el frío de invierno congeló el sentimiento, y la primavera, queriendo ayudar, solo adelantó el calor del verano, ese que ha derretido el hielo. Y curiosamente, todo sigue intacto.

Solo que este junio, ya no estás tú.

INVIERNO DEL ´23

Pensaba que no sería duro,
pero ahora las piedras son almohadas.

Parece una broma pesada,
pero solo es la realidad jugándonos una mala pasada.

Escucho tu voz
y todo me parece lejano.
Sólo dos ilusos llegarían a tal punto,
y resulta que tenemos el premio.

Sin tí,
el otoño está triste.
Ven ya,
sin pensar en desvistes.

En verano te espero,
para calmar este enero,
con su calor, no con el nuestro.

Y espero que haya sanado,
porque si no las cuatro serán invierno.
Y qué triste.
Y qué frío,
que compartirnos haya pasado a ser parte del olvido.

RUIDO

Una ducha de agua fría.
Agua caliente con limón.
Un extra de ron,
y de sal en los ojos.
Nada cura si te vas,
nada sirve.
Ni en sueños me dejas en paz.
Camina lejos y sigue mi consejo,
de no hacer daño a mis adentros,
de soltar mis venas,
para que la sangre vuelva a correr por mi cuerpo.
Mi cabeza me ha obligado a verte feliz, por muy consciente que sea de que no lo eres conmigo.
Pero te veo ansioso, ambicioso,
como si nunca fuera suficiente.
Y es esa espinita la que me mantiene pendiente,
por mucho que parezca ruidoso.
Y ese es el momento en el que hago una apuesta a la suerte,
desde la piel más egoísta en la que puedo meterme.

NUDOS

Contigo soy escéptica.
No me creo tu verdad,
y tampoco la mía.
No sé si eres real,
o un reflejo de mis manías.
Quisiera hablarte,
abrazarte,
olerte,
pero nada me dejaría entenderte.
Eres un callejón sin salida,
un mapa de autopista,
un laberinto lleno de grietas,
y yo queriendo salvarte,
no encuentro forma,
tampoco la quisiste.
Anúdate bien la cuerda,
porque cuando corte
a ver cómo me encuentras,
y no por estar perdida,
sino por sentirme lo suficientemente atrevida
de por fin haberte dejado atrás,
sin haberte tenido algún día.

MAL PERDEDOR

Y es que hoy, lo bueno y lo malo podría no existir.
Si lo bueno no existiera, tú estarías aquí.

Si lo bueno se fuera, tú vendrías, a decirme que ya ha
pasado, a consolarme de mis bucles,
a quererme.

ENCAJAR

Yo, el agua.

¿Tú?, siempre el fuego.

Intimidante y seguro. Me tocas y te apagas. Coges frío, te vas. Agrietado, sin interés, sin sed.

Tú, tan imposible de tocar. Que cuanto más cerca estoy más subo, más levito. Calor. Me evaporo y tras los rayos, vuelvo a caer. Como después de un trance, como después de un todo.

Yo sí, ¿por qué tú no?

CURAR

Y lloro, por lo que fuimos, pero más por lo que no supimos ser. Por las ganas que se quedaron en el camino. Por las canciones que cubren con un telón agridulce todo aquello. Porque no sabes lo que duele no poder decirte lo bien que hueles.

Porque a veces me siento encerrada en ese "sí o no" que tanto me agobia. Por querer de una manera increíble que tus manos estén sobre las mías y sobre miles de rincones más, pero por no poder, por sentirme culpable de sentirlo. Lloro por todo. Lloro por ti.

SOÑANDO CON TENERTE SIN PODER

Cuando no hay correspondencia construyes castillos en
el aire, comienzas la casa por el tejado, caminas sobre el
agua, crecen palmeras en la nieve, vuelas sin moverte,
sonríes sin quererlo, y sueñas,
sueñas tanto que se te olvida que ha de haber dos mita-
des para que haya un motivo.

RECUERDOS

Si perdieras la memoria,
no sabría ni por dónde empezar,
si por esas cañas tensas,
o por las miradas.
Esas que nos buscaban,
esas que nos juntaban,
que nos conocían tanto
que a escondidas confesaban.

Por tu obsesión por mi pelo,
por mi obsesión por tu miel.

Olvidaría todo el rencor, la culpa y la rabia,
para contarte que, en poco tiempo,
fuimos dueños de esa tela en mi sofá,
testigos del querer empezar,
pero también del pánico a hacerlo.

Te preguntaría si aún guardas ese don,
ese que, llamado labia,
conquistó de lleno mi rincón.

También trataría de recordarte lo que fui yo contigo,
porque sonabas bien cuando lo hacías tú conmigo,
el brillo de tus ojos, llegaba a los míos,
esos que, entre piropos,
se llenaban de imperecederos,
de ansia, hambre y deseo.

No tendría tiempo para contarte,
ni vida para enseñarte,
todo lo que tengo dentro
y nunca pude darte.

TRAZO N.2

Decimos mucho,
pero suena a nada.
Palabras sueltas,
que en silencio me matan.
Llegan como flechas y estancadas se quedan,
y mi corazón no aguanta.
Pero puede que algún día se caigan por esa terraza,
en la que el humo salía,
el cigarro brillaba
y tu voz calentaba,
esa que, entre confesiones,
me hechizaba.
Y ahora por su culpa perdida me encuentro,
porque hay algo que grita en vacío ahí dentro.
No sé qué es. Cállate.
Porque ya no sé si sale fuego o flechas de tu voz.

ABRIR SIN HABER CERRADO

Y bajé al portal
a abrirte la puerta,
aunque ahora no sé cuál,
porque abriste demasiadas.
Y en todas entró ese frío de octubre
y tus pómulos rojos afectados por este.
También tus labios, inquietos
como lo éramos ambos.
Hasta que después de tanto frío,
por ese descuido,
todo quedó congelado,
y pensaba que también en el olvido.
Pero volví a abrir esa puerta en verano
y vi que el sol nos había reanudado,
pensaba que con todo,
pero lo único restante era
el recuerdo de esa gélida esfera.

TE ODIO

Le odio.

Le odio por decirme que le gustaba mi pelo,
por hablarme, por darme besos.
Le odio por ser el cariño que llevaba sin tener mucho
tiempo.
Le odio por decir que soy perfecta.
Le odio por dedicarme canciones bonitas. Y por saber
cuáles me gustan.
Le odio por acordarse de los detalles.

Le odio por mentirme al decirme que no quedaba nada.
Le odio por hablarme de un quizá, de un día, de un
puede, de un igual, de un pronto, de un tarde, de un mes,
de un año y hora.
Le odio por decir que soy su alma gemela.
Le odio porque bromea que está enamorado de mí.
También me odio a mí fingiendo que tomármelo a
broma no duele.
Le odio por hablar de que va más allá de lo físico, por
hablar de que le gusto, pero por cómo soy, lejos de lo
presente.
Le odio por calentarme tanto. Le odio porque siempre
tengo algo que darle y nunca puedan ser besos. Le odio
por saber lo que hacemos.
Le odio porque tiene lo que quería que fuéramos noso-
tros.

Le odio por decirme "te quiero".
Yo también.

Le odio por no dejar de pensar en él. En canciones, en películas, en cualquier rincón.
Le odio por asentir cuando dije que no quería perderle.
Le odio porque siempre está. Y estará. Le odio porque sé que no se irá.
Le odio porque me conoce más que yo a mí misma.
Le odio por no saber odiarle.

Él.
Él es él.
Siempre lo ha sido.

Y ojalá no tuviera que ocultarlo y pudiera gritarle a todos lo mucho que te odio.
Y que sólo te quiero en silencio.

BUCLES

No sé qué quiero.

Porque huyo de todo contacto, cariño y afecto. Huyo de sentimientos prolongados en el tiempo por miedo a que haya un borde donde se caigan. Huyo de las palabras bonitas, de las miradas sugerentes y, sobre todo, de las enamoradas, porque no tienen razón.

¿Por qué yo?

En cambio, lo grito, lo deseo, lo manifiesto, lo rezo, esperando a que llegue. Pero cuando llega esa pizca, ese adelanto o ese posible "algo", huyo.

Huyo de todo ello hasta que me cruzo con algún alma dando amor a otra y no puedo evitar pensar en quedarme, en copiarles, en caminar su sendero para dejar de huir por bosques sin sentido.

Y vuelvo al bucle.

EL CAMPO DE TIRO

Cambio de sitio en el campo de tiro, ser tú la que lanza las balas y no la que las recibe.
No sabes hacerlo.
Pero el no querer hacer daño, tenía que llegar algún día.
Duele ver el otro lado del campo de tiro, ya que, llevando toda una vida en el lado en el que las balas impactan, unas más que otras, ser tú la que las lanzas, las dejas caer o las disparas con fuerza, es raro.
Porque recuerdas las marcas de las tuyas y lo mucho que te costó sanarlas. Porque miras las del otro, dudoso ante qué arma sacarás ante sus ojos, y solo quieres echarte atrás, arrepentirte, cogerle de la mano e iros de allí.
Pero, aunque esa bala no cause dolor, un fuego interno los llevará al mismo punto.
El cambio de sitio, tenía que llegar.
"No tengas miedo", me digo. Pero no soy yo, es mi cuerpo el que no para de temblar, el que no puede mirar a sus ojos y decirle toda la verdad.
¿Valiente? O mucho o nada, ahí está mi duda.

DÉJA VU

Me senté en la piedra
fría de noviembre,
esperando a ese bus
que siempre viene.
Curioso fue el día
en el que más frío hacía,
que ese bus no aparecía.
Los minutos fueron lo único que no se congeló,
el tiempo pasaba sin explicación,
y si alguna había, al vuelo era la única opción.
Pero anduve hacia otra parada,
allí parecía que la esperanza abundaba
porque hacía sol que calentaba.
Pero como dice un amigo,
siempre en estado en espera me encontraba.
Entonces entendí
que no hacía nada allí,
que ese bus cogió otro camino,
porque sus ruedas siempre fluyeron.
Y estaba bien.
Yo debía hacer lo mismo,
aunque ya congelada,
costaría más.

2022

Si ella tuviera que describirlo con una palabra sería "viaje". Sí, porque fue como un avión, como la sensación de llegar y también la de irse. Como volver a tocar la arena caliente, la bebida fría y escuchar la canción que el mar regala con sus olas.
Sentía como si volara, con el miedo constante de que todo se cayera, de que todo volviera a salir mal. Había ventisca, días oscuros, noches raras y muy largas.
Los pajaritos saludaban, algunos se quedaban y le daban todo lo que supieron darle. Uno de ellos dijo que no quería entrar al avión y sentarse a su lado, pero le pilló más tarde colándose por la puerta trasera, triste y arrepentido, y ya era tarde. Ella, con su risa traviesa y divertida, escondía detrás un sentimiento nostálgico y la pregunta de por qué no lo hizo antes. Pero dejó que volara libre y ahora le saluda de vez en cuando.
Hubo muchos contrastes. Como esos en los que llegas de la playa casi quemada por pasar toda la mañana al sol y tocas la jarra helada que te ofrecen en la barra. Sus yemas la advertían de cambios bruscos, pero a ella eso ya no le daba miedo.
Aunque en aquel mundo en el que la calma era la reina, unos bichitos calentaban su cabeza y no la dejaban verse reflejada en el mar. Cada vez que se acercaba, ellos la hacían verse de la peor de las versiones, así que decidió deshacerse de todos corriendo tanto como pudo, sin pararse a comer y disfrutar los cocos que adornaban el camino. Este dejaba el mar a sus espaldas y se adentraba en un bosque oscuro y lleno de ruido. Pero a ella solo le importaba llegar lo antes posible al siguiente charco, que sería el que decidiera si seguía corriendo o por fin le

daba una buena imagen. Hasta que se encontró al pajarito que vio en el avión, el cual venía solo a saludar, pero tuvo que quedarse y abrirle todos los cocos posibles que ella no pudo abrir durante el camino, además de ayudarle a volver a las olas paso a paso.

Cada una de las olas llenaba suficiente hasta la siguiente, unas te rozaban los pies y otras parecían muy lejanas, pero todas llevaban tanta sal dentro que hacían que flotaras. Ese verano estuvo repleto de ellas, muy seguidas, altas y fuertes. Entre ellas, unas gaviotas se acercaban a mirarla, y solo si la interesaban, las devolvía la mirada. La prometían que algún día volaría junto a ellas y, por imposible que fuera, creyó ciegamente en aquella oferta. Pero parecía que allí lo permanente no existía, por lo menos lo suficiente para llegar a conocer, ya que en seguida volaban y la volvían a dejar mirando al mar, teniendo fe en que algún día llegaría una que sí mantendría la promesa.

Cuando este se apaciguó, supo que le estaba diciendo adiós, satisfecho.

AL FINAL SÍ SUPE RESUMIRLO

Dicen que, durante los cinco meses de hibernación de los osos, sus latidos bajan de una constante de cuarenta, a tan solo ocho. Del éxtasis más radical a la calma más absoluta.
Así era él.
Ese, que daba mucho y nunca era tiempo.

El objetivo de esos cinco meses es sobrevivir a la escasez de comida durante el invierno. Y es cuando volvía a irse cuando entendía que él sólo quería una vía de escape, una dosis que le mantuviera aislado de su realidad unas cuantas horas para luego volver como nuevo, recargado y pudiendo seguir con todo. Luchaba contra su escasez buscando opciones en otro lado.
Yo hice un trato, pero a ciegas. Y aunque lo de hacernos sentir bien fue delito compartido, yo me quedaba estancada en esas horas, me quedaba a vivir en su éxtasis y en sus cuarenta latidos por segundo. Hasta que volvía con otros nuevos, y vuelta a empezar. Los días, los meses, los años entre encuentro y encuentro se sentían eternos y pesados, como si él se hubiera quedado toda la capacidad de saber escapar y no hubiera dejado ni una pizca a nadie más. No sabía avanzar.
Pero volvía, con ese andar, con esa sonrisa y ese saber de todo. Y esos días, esos meses y esos años agridulces, pasaban directamente a segundo plano, al olvido.

Que poco cariño. Entre nosotros. Y propio.

Él sabía lo que causaba dentro de mí, y no se aprovechaba, pero lo contaba como un punto a su favor. No le culpo, creo que tanto yo como todos haríamos lo mismo.

Si tenemos la mínima oportunidad de tener el control, la agarramos sin dudarlo ni un solo segundo.

Siempre era yo la que sujetaba el timón, pero llegó él y me enseñó lo que era estar de espectador ante alguien que te quita tu armamento, que te deja desprotegido, sin opciones. Y sólo ahí sabes que la bandera blanca es tu mejor aliada y con lo único que puedes jugar, aun teniendo en cuenta que no sirve de nada.

Nunca fue trigo limpio.

Pero el sentimiento es el as de debajo de la manga, la excusa perfecta ante un problema y la razón por la que te quedas. Siempre.

ANTÍTESIS

Quise jugar tus cartas
para que el destino no se riera más de mí,
pero resulta que estoy atada a ese final,
porque siempre le haré reír.

Y por mucho que lo intente
nunca podré separarme de ti.
Como hizo ese as que guardabas bajo la manga,
con el que tú sí pudiste huir de mí.

Porque eres la Roma de todas mis calles,
esas que no tienen salida.
Ni tirando en Trevi una moneda,
que de la casualidad de que salga cara,
y tu puedas dejar de tener tanta
y yo ganar algo para no quedar de tonta.

No me quedan ases.
No me quedan luces.
No me quedan cruces.

Sólo las tendré cuando entienda que jugamos con bara-
jas diferentes,
que tú no te acuerdas de mí
y que soy yo la única que es incapaz de salir.
Sólo las tendré cuando entienda que no se puede hablar
a la musa del arte,
cuando ya no me queden cuentos que contarte,
y cuando no sienta que necesito tenerte.

Aunque espero que, entre tanto,
la inicial de mi nombre resalte con certeza
cada vez que veas el mar,

su inmensa belleza
y su olor a azul tristeza.

4:24

Ya no duele tanto escuchar esa introducción,
que antes mi piel erizaba
y mi mente calentaba.

Ya no me tumbo triste a escucharla,
o la paso en un intento de ignorancia.

Ahora bailo sin ritmo ni compás.
Ahora la canto sintiéndola cerca
y no lejos como lo era tu recuerdo al acompañarla.
Ahora pienso en mi sonrisa en el espejo,
mientras hago esos pasos que nunca nadie vio,
y ni en ti ni en que hace mucho de todo lo que pasó.

Quizá siempre sea nuestra,
y lo pienso en ese minuto donde dice que solo fuiste un
sueño,
pero donde también afirma,
que ahora ella baila sola,
lejos de toda esa bruma.

Luego suena *Bette Davis Eyes*
y se me pasan todos los males,
porque al final solo es eso,
minutos.
Que al pararte a pensar,
fue lo que duramos.
Porque al final solo es eso,
minutos,
de las canciones que fuimos.
Porque al final solo es eso,
minutos,

los que duran la nostalgia madura,
y no la que quiere volver,
quedarse,
y no aprender a correr.

JULIO

No sé si será el verano,
no sé si la omisión de tus labios,
o el comienzo del conformismo,
pero ya no estás tan presente en mis días.
Lo sustituyo por palabras, sol y bahías,
por gritos de canciones que quise que fueran nuestras
y por esa seguridad que ansiabas que fuera mía.

El día ya no se vuelve noche al escuchar tu nombre,
ni mis ojos se llenan de nubes,
aturdidos y vidriosos de agua o hielo.
Ahora hay rayos de sol que queman,
no sé si por el calor que nos faltó,
porque estoy mudando la piel,
o porque quiere que sepas que estoy bien.

Olvidarte es una imposibilidad que tengo asumida,
y prefiero vivir con eso a obligarme a que desaparezcas.
No consuela ni cura,
pero me deja seguir la línea que merezco,
y no esa en la que el sol persigue a la luna esperando
impaciente un eclipse nulo.

Independientemente de lo que tu cabeza sienta,
de lo que tu corazón piense,
y de lo que tus ojos hablen,
esa es mi carta presente.
Porque la tuya lleva tiempo enterrada,
si es que la hubo algún día,
y las letras ya no se notan.

No sé si por el verano,
o por ser otra víctima del costumbrismo.

UN DÍA DE AGOSTO

Estándares no cumplidos y decepciones constantes.
De querer que él seas tú y nunca encontrarte.
Y de repente, mi cabeza vuelve a estar atornillada a un
cuerpo que no conoce, tambaleándose por los pocos que
la sostienen,
de tanto pensar,
de tanto darle vueltas,
de tanto preguntarse si estará(s) en algún puerto,
de esperar eso que una vez sintió
y nunca volvió.
De preguntarse si algún día llegará algún barco desco-
nocido que sea capaz de nuevo de activar la sorpresa y
el desconcierto.
Que sea capaz de hundir tu barca de madera,
esa que a veces parece tener remos.
O que llegue a otra orilla,
a otra vida,
en la que sea un gran velero que fluya con el viento,
con ambos en proa.
Pero hoy aquí sentada,
la veo bailar con el ritmo del agua
y haciendo ese sonido que una vez me pareció meló-
dico,
pero que hoy se acerca más a la desesperación del so-
nido que causan las gotas de un grifo roto.
Y claro que llegan barcos,
pero esos están cubiertos de brillo y por dentro no son
más que material barato, básico y sucio.
Así que vuelvo a mi sitio,
a mi rincón de loca del muelle de San Blas.
Sola, sola.

DESTINO

Siempre he creído en el destino,
en que siempre ha estado de mi parte.
Pero a veces casi olvido,
que nosotros no fuimos su constante.

Siempre he creído en que esas frases,
en las que las casualidades pasan,
son un libro al que acercarse,
y no algo que deba alejarse.

Pero tras ningún resultado presente,
ese que esperaba impaciente,
aseguro que es mejor dejar de esperar,
porque no es la mejor carta que podemos jugar.

Los quizá, los puede y los ojalás,
se quedarán para otras almas
que sí sepan cómo sonar.

Y esta vez para nosotros sí tengo consejo,
no sólo los vendo,
y en él la esperanza no tiene hueco.

Esta vez no terminaré con un quizá,
porque me he cansado del destino,
de ti,
de su tiempo y su casualidad.

CUANDO ACABA EL VERANO

Septiembre cleptómano,
que sin quererlo me lo quitas todo de las manos.
La vida nómada de bares
que se recuerdan con pelos y señales,
el anhelo de encontrarle en cada calle,
de mirar cada coche para poder saludarle.
Septiembre;
que es peor que el uno de enero,
porque no hay propósitos,
no hay metas,
sólo hay comienzos a los que te enfrentas
sin ni siquiera haber masticado tu encuentro. Comienzos
que no te incluyen a ti,
y en mis finales de algún modo destinarte.
También de adioses y despedidas,
de manos abiertas sacudidas,
esas que ahora anhelan el calor.
Septiembre de pies fríos y cabeza caliente,
de días breves y buscarte entre la gente.
Septiembre de canciones nuevas
que no llevan consigo aún tu nombre.
Septiembre solitario conduciendo mi casilla de salida,
sin que seas tú el copiloto.
Volando,
y tú desembarcando en algún puerto.
Nadando,
y tú planeando por el cielo,
ese que tiene el privilegio de ser lo único que comparti-
mos.
Ahora que es septiembre,
lo entiendo.
Ahora, que sólo es septiembre
y no otro año nuevo.

Aunque si por casualidad
ves pasar un coche sin velocidad,
con ventanillas bajadas
y con canciones sin novedad,
acuérdate de mí,
porque posiblemente lo sea.
Entonces y sólo entonces,
será septiembre de casualidades,
de empalme de rutinas
y de brillo en las retinas.

DEJA

Déja que el pelo baile por tu cara con la música que el viento regala en ese coche de ventanillas bajadas.

Déja que tu cabeza se apoye en el asiento y que tus ojos se cierren, siendo tus pestañas las únicas valientes de luchar contra ese viento que viene de frente.

Déja que tus piernas anden seguras sobre la acera, carretera y pasarela. *Déja* también a tu cabeza que se estire bien alta y diga lo que no puedan las palabras.

Déja que tu cuerpo se tueste al sol en la playa, que tus dedos a medio pintar rocen la arena y que las pecas de la cara se vuelvan morenas.

Déja que esa persona construya castillos de palabras en tu honor, y déjate hacerlo a ti también, estés correspondida o no. Déjate expresarte. Déjate querer.

Déja a todo dejar ser, porque por tanto negar, el *déjar* nunca será *vu*.

STAND BY

"Siempre en estado de espera"
Extremoduro.

Siempre en estado de espera,
pero realmente sin nada a lo que esperar.
Porque me da vértigo la incertidumbre del nada,
aunque todo se resuma en una recta,
y todo quede en calma mientras el mundo gira.

Pero a mí me angustia, no cruzarnos ni mirarnos,
ni siquiera con el tráfico,
ni aunque nos guiñen los semáforos.

Porque es eso, es vivir en un atasco.

Y más duelen las tardes de domingo,
porque parece ser que nadie tiene dudas
y soy yo la que padece tenerlas todas.

Pero tampoco quiero ir con prisa,
no es mi estilo.

Y el mar es mi único ideal,
porque no le da miedo ningún punto muerto,
lo es en sí mismo.
Es un límite,
la contraportada de un libro,
un lugar donde desahogarse, en el sentido más puro,
porque todas las gotas van allí
y te enseñan que hay cosas mucho más grandes.

Relativizas.

Y vuelves.

VOLAR

Volar,
a eso llamo yo libertad.

A salir de la bruma que sale del suelo,
y respirar el aire que viene de pleno,
que aclara las ideas.

Volar,
como hacía la mano de Dalí en el lienzo,
y no cuando le decían qué hacer.

Volar,
para posarme en las flores
y oler su polen
y rozar el suelo,
frío de invierno
y cálido en verano.

Vivir cada estación
en todo color,
y no en negros como los de aquel rincón,
ese en el que no era yo.

Ojalá volar,
y ocupar ese espacio que dejan dos desconocidos en un
banco,
huir de todo este ruido,
solo un rato,
para verlo todo más pequeño
y sentir que no me aplasta,
que no me limita,

que no me afecta,
que no me importa.

Volar,
que va más allá que tener dos alas,
que es más grande que sentir libertad.

Nada como una sopa de letras
para que pase el catarro.

Índice

europa
ediciones